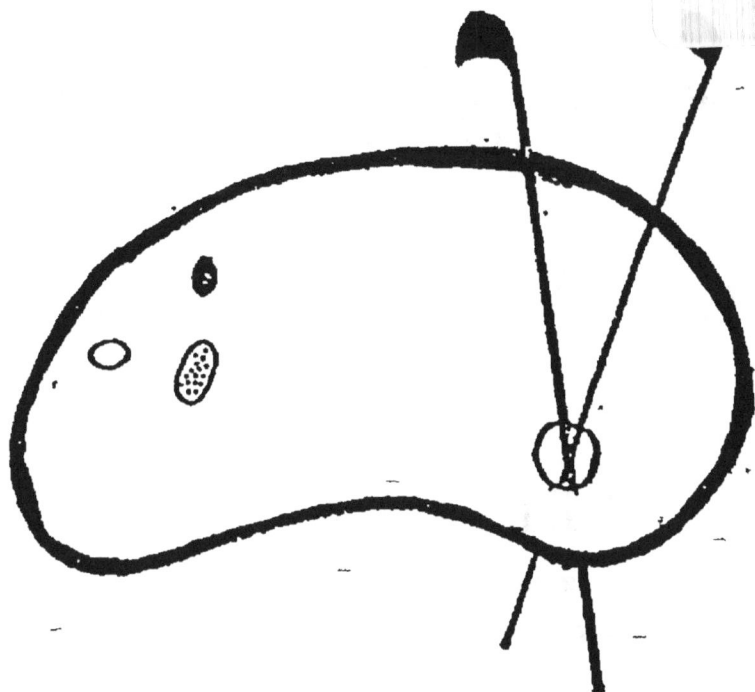

DEBUT D'UNE SERIE DE DOCUMENTS
EN COULEUR

ÉTUDES
PSYCHOLOGIQUES

PAR

P. LEBLOIS

Docteur en médecine,
Membre de la Société de Médecine d'Angers.

« Tel jette, comme une injure, la
qualification de libre penseur, qui se
tiendrait pour offensé si l'on insinuait
que sa croyance lui a été imposée et
que sa pensée est tenue en servitude.

ANGERS	PARIS
GERMAIN & G. GRASSIN	J.-B. BAILLIÈRE
LIBRAIRES	LIBRAIRE
Rue Saint-Laud.	19, rue Hautefeuille

1880

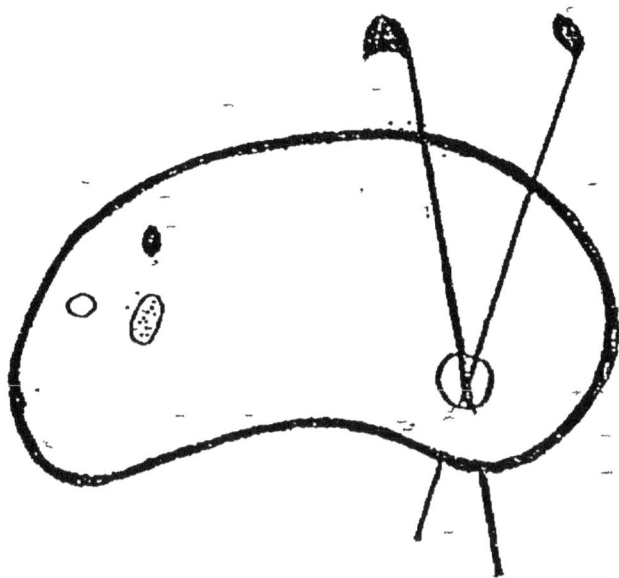

FIN D'UNE SERIE DE DOCUMENTS
EN COULEUR

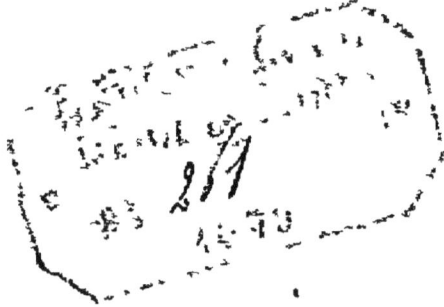

PHYSIOLOGIE MENTALE

ÉTUDES
PSYCHOLOGIQUES

PAR

P. LEBLOIS

Docteur en médecine,
Membre de la Société de Médecine d'Angers.

Tel jette, comme une injure, la
qualification de libre penseur, qui se
tiendrait pour offensé si l'on insinuait
que sa croyance lui a été imposée et
que sa pensée est tenue en servitude.

ANGERS

GERMAIN & G. GRASSIN
LIBRAIRES
Rue Saint-Laud,

PARIS

J.-B. BAILLIÈRE
- LIBRAIRE
19, rue Hautefeuille

1880

Les moyens et la liberté de penser nous viennent de Dieu. Est-ce oser trop que faire hommage à Dieu de nos pensées ?

Leur hardiesse, croyons-nous, a son correctif dans la mesure de leur expression. Elles ont été écrites avec un parti pris d'impartialité scientifique duquel notre insuffisance seule aurait pu nous faire dévier.

LEBLOIS.

INTRODUCTION

Les méditations que nous soumettons à l'appréciation des amis de la psychologie sont la continuation naturelle et, en quelque sorte, le complément nécessaire de notre opuscule *La Vie et le Moi*.

Ce nouveau travail est consacré à développer des propositions simplement énoncées, ou seulement contenues en germe, dans le premier.

En touchant d'une plume peut-être téméraire aux plus hautes questions qui soient, nous risquons, sans doute, d'encourir le reproche du poète :

..... *Majoraque viribus audes;*

Mais, du moins, avons-nous la conscience d'avoir entrepris ces études dans un but utile : l'application a trouvé place à côté de la spéculation pure, de laquelle elle est issue d'ailleurs.

Aux personnes qui nous compteraient à grief d'avoir effleuré, même au seul point de vue scientifique, le domaine religieux, notre réponse est celle-ci : ou la religion a, dans le monde, un crédit universel et une autorité irréfragable, alors nous-nous résignerons à voir notre parole condamnée à la stérilité et rester sans écho; ou bien elle n'influe pas sur la croyance et la conduite de l'universalité des hommes, dans ce cas ce peut-il être une faute de le constater et d'en chercher la raison?

Pour légitimer notre sous-titre nous ajouterons que « toute manifestation de

» l'être vivant est un phénomène *physio-*
» *logique....* Le monde psychique ne se
» passe point du monde physico-orga-
» nique..... Les phénomènes de l'âme
» pour se manifester ont besoin des
» conditions matérielles exactement *déter-*
» *minées ;* c'est pour cela qu'elles appa-
» raissent toujours de la même façon,
» suivant des *lois,* et non arbitrairement
» ou capricieusement au hasard d'une
» spontanéité sans règles.

» C'est là le *déterminisme* physiolo-
» gique qui, loin d'être la négation de la
» liberté morale (libre arbitre), en est,
» au contraire, la condition nécessaire
» comme de toutes autres manifestations
» vitales.

» Le déterminisme n'est donc que
» l'affirmation de la *loi,* partout, toujours,
» et jusque dans les relations du physique

» avec le moral : c'est l'affirmation que, »¡ suivant le mot de l'antiquité ; Tout est » fait avec ordre, poids et mesure. »

Ainsi parle Claude Bernard dans la première de ses *leçons sur les phénomènes de la vie.*

Puisque nous avons osé aborder l'étude de la physiologie mentale, qu'il nous soit permis de mettre notre humble livre sous le haut patronage de ce beau nom de si grande mémoire.

ÉTUDE SUR LA VÉRITÉ

Si nous essayons d'abstraire la Vérité métaphysique nous pouvons bien la concevoir extérieure à l'homme, absolue et immuable, non susceptible de partage ni de mesure, en un mot, étant ou n'étant pas.

Mais si nous la considérons dans ses rapports avec les hommes en particulier, l'observation nous montre l'adhésion que chacun y donne essentiellement mobile et diverse, se mesurant en nombreuses nuances, de l'incrédulité à l'indifférence, de l'indifférence jusqu'à la Foi.

La Vérité est donc qualifiable seulement au point de vue de son objet ; et les expressions : Vérité évidente, Vérité certaine, Vérité douteuse, etc., sont des contre-sens, attribuant à la Vérité des qualifications qui marquent en réalité le degré de créance que les hommes lui accordent.

Pourquoi cette inégalité d'adhésion ? Et qu'est-ce que la croyance ?

Quelque sentiment que l'on ait de la Vérité, force est de reconnaître qu'elle est communicable à l'humanité à l'expresse condition d'être revêtue du langage humain, d'être spécifiée sous forme de *proposition* définie, et qu'elle parvient, en définitive, aux individus à l'état concret, si je puis ainsi dire, par voie de sensation auditive ou visuelle, apportée dans un discours ou puisée dans un livre

Nous croyons avoir démontré (1) que la sensation est un acte cérébral primitif, pouvant associer, et associant, en effet, des actes secondaires désignés sous le nom de sentiments.

La pensée résidant dans l'association successive des paroles ou des mots, de l'ordre de leur actuation sensorielle dépend, tout d'abord, la compréhension d'une phrase. Peut-être serait-il légitime, dès lors, de classer la faculté intellective parmi les sentiments réflexes; et il ne serait pas difficile d'établir, à l'appui de cette manière de voir, que, à l'instar des sentiments proprement dits, le sens d'une

---

(1) *La Vie et le Moi*, J.-B. Baillière et fils, Paris 1878.

même phrase ou série de phrases n'est pas toujours identique pour tout le monde.

Mais ce n'est pas notre sujet.

Pour y revenir et montrer la nature réflexe du consentement donné à la Vérité, il suffit d'en appeler à l'expérience de tous les jours : Elle nous montrera l'*audition* d'un discours, c'est-à-dire d'une suite de propositions supposées également comprises, ayant pour effet infaillible de provoquer, de prime-saut, dans l'auditoire, l'acquiescement des uns, le doute chez les autres, la négation de la part d'un certain nombre; En outre, toute personne sachant se rendre compte de ses impressions avouera avoir éprouvé, au cours de ses lectures, de semblables mouvements d'attraction ou de répulsion à l'égard des pensées qu'elle y rencontrait.

Or, que sont cet acquiescement, ce doute, cette négation, ces attraction ou répulsion, autre chose que des degrés d'une réaction univoque à la croyance ? Celle-ci, positive ou négative, directement sollicitée par l'acte cérébral sensoriel en lequel est actué un jugement, est donc bien réellement un acte associé, un sentiment ; et nous avons pu dire avec raison que « la Vérité est qualificative d'une cause sensorielle, ne pouvant en être abstraite et restant forcément dans le domaine de la pensée concrète (1). »

Comme tous les sentiments, le sentiment du vrai est personnel et dissem-

(1) *La Vie et le Moi*, J.-B. Baillière et fils, Paris 1878.

blable dans les individus. Aussi n'y a-t-il
pas d'exemple de proposition ayant la
prétention d'exprimer la Vérité, qui n'ait
eu, dans le même moment ou dans la
succession des temps, des partisans et
des adversaires ; un consentement una-
nime actuel, s'il était possible, ne pourrait même engager l'opinion de l'avenir.
L'histoire des sciences a enregistré plus
d'un démenti donné au passé.

La croyance étant réflexe, la volonté
n'y a et n'y peut avoir aucune part. Au
reste, la volonté, cela a été démontré (1),
a son domaine restreint aux seuls actes
cérébraux dont l'objet est la mise en jeu
des muscles de la vie de relation.

---

(1) *La Vie et le Moi*, J.-B. Baillière et fils
Paris 1878.

Voilà pourquoi, si les sentiments, en général, sont soustraits à l'empire de la volonté, au point de vue de leur production, il n'en est pas de même de leur traduction en mouvements de relation. Ceux-ci peuvent être consentis ou refusés, par conséquent leur correspondre ou non, à volonté, c'est bien le cas de le dire.

Pour ce qui est de la croyance en particulier, entre croire réellement et dire que l'on croit, il y a lieu de distinguer : Qui prétendrait mesurer toujours la foi à son expression volontaire risquerait de se tromper.

Si l'on veut donc entraîner la conviction, faire naître la certitude ou inspirer la sincérité, ce n'est pas à la volonté qu'il faut faire appel, sous peine d'obtenir une adhésion sans valeur et sans effet

sur le sentiment intime qui reste inex-
pugnable au fond de la conscience. Était-
elle sincère la rétractation de Galilée
faisant amende honorable au tribunal de
l'Inquisition ? N'y a-t-il jamais eu de
Credo à mettre au compte de la complai-
sance, de l'intérêt ou de la peur ? Les
aveux obtenus par des promesses ou
arrachés par la menace des tortures ont-
ils toujours été conformes sur les lèvres
et dans le for intérieur ? Le mensonge a
cette divergence éventuelle pour condition.

Du moins, à défaut de l'égalité de
croyance, de la part des hommes, aux
doctrines qui leur sont présentées, trou-
vons-nous uniformité de systèmes, unité
de principes dans les œuvres philosophiques de tous les temps et de tous les

pays? La Vérité proposée a-t-elle toujours été, est-elle une et invariable?

L'histoire de la Philosophie se charge
de faire facile et courte réponse à cette
question.

Depuis Aristote et Pythagore jusqu'à
Descartes et Leibnitz, la liste est longue
des amis de la sagesse qui, prétendant
au privilège de posséder la Vérité ont
voulu s'en faire les dispensateurs. Or, à
peine moins longue est la liste des différentes opinions soutenues à l'égard des
objets d'études afférents à la Philosophie.

Ballotté du spiritualisme au matéria-
lisme l'Esprit humain a, tour à tour,
enfanté les conceptions les plus disparates, parfois les plus contradictoires,
pour arriver à la connaissance de Dieu,

expliquer l'origine et l'ordonnance du monde, sonder la nature et les destinées de l'homme.

Dans ce conflit d'Écoles nous n'avons pas à prendre parti. Bornant notre rôle à celui d'observateur et sans apprécier au fond, nous constatons simplement la diversité des systèmes et partant le défaut d'accord entre les penseurs eux-mêmes. En sorte que, à l'inégalité de croyance correspond la divergence des activités psychiques en quête de la vérité ; divergence d'autant plus marquée que l'objet en devient plus abstrait.

Ici encore le sentiment personnel prévaut donc en matière de foi ; car nous avons vu que le travail de la pensée (association d'actes verbaux) engendre la conviction chez le penseur.

Parlerons-nous de la Vérité au point de vue de la Religion ?

Nous le ferons, du moins, avec la déférence convenable à un tel sujet ; nul n'est plus que nous respectueux de la croyance d'autrui. Ce respect, comme on l'a pu voir déjà, est fondé précisément sur la théorie physiologique développée dans ces lignes. Aussi, dût cette hardiesse être censurée, nous nous croirions aisément justifiable d'avoir poursuivi une étude dont la conclusion est de nature à inspirer aux hommes la tolérance réciproque de leurs opinions, ce qui est la charité par excellence ; charité qui n'implique pas renoncement à la discussion et à la persuasion, mais qui devrait exclure, au moins, toute violence à quelque degré que ce fût et de quelque prétexte qu'elle cherchât à s'autoriser.

Observer et laisser parler les faits, telle est la méthode à laquelle nous voulons rester fidèle.

Dans cette question il faut tenir compte, avant tout, de l'universalité du sentiment religieux dans l'espèce humaine, d'où est née la pensée de séparer l'homme du reste des animaux pour en faire le règne hominal.

Toutes les *Croyances* Religieuses ont leur source dans la première expression *verbale* de ce sentiment, dans la première *affirmation d'un Souverain Maître de l'univers*, soit représenté par un Être accessible aux sens, soit manifesté par les seuls effets de sa puissance. De là deux branches de Religion, matérialiste et spiritualiste. Puis les assertions, et

parallèlement les croyances, se multi-
plient et se particularisent dans les
époques et chez les nations, quant à la
nature de l'Être tout-puissant, quant à
ses rapports avec l'humanité, quant aux
devoirs de l'homme envers lui, etc,

Ainsi s'expliquent la diversité de théo-
gonies et la variété de cultes offertes
par les différentes Religions; manifestations inégales d'un même sentiment —
la croyance en Dieu — quelque soit
l'appellation dont on se serve pour le
désigner.

L'impartialité nous fait une loi de
reconnaître que chaque Religion, ré-
prouvant toutes les autres, a vécu ou
subsiste de la *certitude* d'être *vraie*. Au
surplus prétendre le contraire serait
absurde. C'est pourquoi, la conclusion

tirée de la multiplicité des Écoles philosophiques s'impose pareillement ici : Au
point de vue Religieux la *Vérité* est relative à la *croyance* spéciale des peuples.

La Religion Chrétienne, il est vrai,
invoque une révélation directe de la
Vérité à l'homme par Dieu même, révélation qui lui confère une origine et une
autorité Divines. Sans rechercher si une
communication analogue de la Divinité
avec la créature ne se trouve point aussi
à la source des autres cultes, disons de
suite que cette révélation s'étant faite,
les documents qui la consacrent se pro-
posant en langage humain, la Doctrine
révélée est parvenue, en définitive, à
l'homme par voie de sensation.

Dès lors, si la physiologie mentale ex-
posée au début de ce travail est exacte,

une inégalité d'adhésion, des variantes d'interprétation ont dû se produire et se continuer à l'égard des *Écritures Saintes*, et montrer, jusque dans la même Religion, une variété de sentiments presque équivalente à la disparité des souches entre elles. Or c'est justement ce que l'incroyance des Juifs, les schismes et les hérésies attestent encore de nos jours.

Enfin dans la Foi même il y a des degrés. Car, à considérer la seule Communion Romaine, tout en s'arrêtant respectueusement au seuil des consciences, il est permis de mesurer au degré de ferveur dans la *pratique* l'intensité de la croyance. A cet égard les nuances sont presque infinies, de la tiédeur à l'entier sacrifice de soi-même.

Il ne faudrait pas, toutefois, tenir pour

absolu ce criterium. La *Croyance* est
distincte de la *pratique* ; des manifestations purement extérieures ne sauraient
être confondues avec le sentiment intime.
Si celui-ci est réflexe, comme nous
l'avons vu, celles-là sont du domaine de
la volonté, et, comme telles, ressortissent au principe d'autorité. Aussi est-ce
grâce à la suprématie d'un *Chef* que s'est
conservée et se conservera l'unité de
l'Église Romaine ; mais unité de volonté
couvrant parfois une réelle pluralité de
sentiments.

Cette distinction entre la foi et l'obéissance éclate, ce nous semble, dans un
fait récent et encore palpitant : La conviction des Évêques opposants au dogme
de l'infaillibilité n'a pas été entamée,
comme l'atteste la protestation collec-

tive adressée le 16 juillet 1870 au *Saint-Père*; ils ont fait le sacrifice de leur volonté, comme en témoigne leur soumission expresse ou tacite au *Souverain Pontife.*

Il nous paraît prouvé par tous ces faits que si le mot VÉRITÉ, pris isolément, emporte le sentiment d'absoluité ultra-naturelle, humainement il se subordonne au sentiment individuel de *croyance*, sentiment qui se mesure par tous les degrés, compris entre l'incrédulité et la foi, sentiment réflexe, par conséquent soustrait à l'influence de la volonté.

La volonté est tributaire du principe d'autorité, l'art de la persuasion seul a crédit auprès de la croyance.

La croyance, ayant sa cause dans le langage, durera aussi longtemps que

parleront les hommes, soumise seulement
à des oscillations en rapport avec la
mobilité des sentiments humains. La foi
en des assertions du domaine théologique
et la conviction différente née d'études
scientifiques ont dont également des
chances de perennité. Le mysticisme et
le positivisme soutiendront sans doute
un perpétuel combat justifiant cette
pensée que Dieu a livré le monde aux
disputes des hommes.

APERÇU SUR L'ÉDUCATION

L'homme étant éminemment éducable, en raison de son organisation (1), l'Éducation est au premier rang des besoins de l'humanité et prime tous les soins dont celle-ci puisse être l'objet.

L'Éducabilité présentant deux faces, l'une intellectuelle et l'autre morale, il est au moins étrange que les gouvernements s'affranchissent, en grande partie, du souci de la moralisation pour se préoccuper exclusivement de l'instruction.

Le droit à la morale n'est pas moindre,

---

(1) *La Vie et le Moi*, J.-B. Baillière et fils, Paris, 1878.

2.

cependant, que le droit au savoir. Dans une égale mesure ils ressortent de l'essence même des gouvernements, dont la raison est puisée à une double source naturelle : La nécessité, pour le grand nombre, d'être protégés et guidés dans l'accomplissement de leur destinée physiologique, la prétention de quelques-uns au rôle de protecteurs et de guides.

Au reste, le devoir connexe de ce droit à une sanction : les Pouvoirs paient de leur chute la faute de s'être trop désintéressés de cette branche pourtant capitale de l'Éducation : la culture morale.

D'où vient donc que, malgré les leçons de l'histoire, les modernes législateurs travaillent, pour ainsi dire à l'envi, à grossir le code, au lieu de s'appliquer à rendre les lois inutiles?

Cela tiendrait-il au défaut d'une assise physiologique solide sur laquelle se pût édifier une éducation fondamentale, à côté des systèmes philosophiques et des croyances religieuses, dont l'instabilité et la variété sont exclusives de l'unité et de la fixité nécessaires à la morale des peuples ?

Dans les deux termes : Dieu, les hommes, il y a un double rapport : rapport des hommes avec Dieu, rapport des hommes entre eux. Du premier la Religion est le lien. Elle détermine les articles de foi et règle les pratiques dont l'ensemble constitue le culte destiné à créer et à entretenir des relations mystiques avec le Souverain Maître, n'est autre, par conséquent, qu'un code de *morale Religieuse.*

Les relations des hommes entre eux définissent essentiellement la *morale sociale*, dont l'idéal serait un continuel échange de bons offices entre les membres de la famille humaine, basé sur une mutuelle estime et sur la tolérance réciproque des opinions ; idéal qui se pourrait formuler en ces deux aphorismes : Fais pour autrui ce que tu voudrais qu'on fît pour toi ; ne fais pas à autrui ce que tu ne voudrais pas qu'il te fût fait.

Voilà deux morales dont l'objet respectif est très distinct. Les principes comme l'objet, en sont radicalement différents.

La morale Religieuse se fonde sur la croyance, c'est-à-dire sur un *sentiment réflexe* ; la morale sociale a sa racine dans les actes même qui constituent la vie de relation, par conséquent dans la *volonté*. L'Église ne peut légitimement emprunter ses moyens d'influence qu'à la persuasion, la croyance échappant à la contrainte ; l'autorité civile oblige et, au besoin, recourt à la force pour se faire obéir. La sanction, dans le premier cas, est ajournée au-delà de la vie et présumée éternelle ; dans le second elle est immédiate et temporaire.

Il est aisé de comprendre, d'après cela, qu'une sorte d'antagonisme perpétuel entre l'influence Religieuse et le pouvoir civil, ait été, jusqu'à nos jours, la conséquence naturelle et, pour ainsi dire, forcée de la confusion de deux morales aussi disparates dans leurs éléments, aussi divergentes dans leur action.

L'histoire nous montre, au point de

vue politique, les abus des gouvernements théocratiques mettant la force au
service de la Religion et produisant
avec l'Inquisition, les guerres Saintes !!!
En revanche, nous voyons les violences
au rebours naître fatalement des réac-
tions opposées qui tentent d'opprimer
les consciences, en livrant bataille aux
croyances et à la morale Religieuses.

Au point de vue, de l'éducation ; l'enseignement religieux mérite un hommage
que la reconnaissance me rend agréable
et facile. Toutefois, en identifiant les
deux morales ou en les solidarisant exa-
gérément, la Religion, il faut bien le
reconnaître, édifie sur une base nulle-
ment inébranlable. Elle associe l'acte
vertueux, qui doit être bien déterminé
et fixe, à un sentiment qui, de sa nature,

est contingent et variable, La croyance,
en effet, est sujette à changer, c'est un
fait indéniable : et c'est justement cette
mobilité qui rend possibles les conver-
sions et téméraires les serments. Si le
sentiment devait donc être pris pour
guide exclusif de la volonté, en morale,
celle-ci pourrait être comparée, parfois,
au navire dirigé par une boussole de-
venue folle. Même toute conviction Déiste
peut manquer. Nous n'en voulons d'autre
témoignage que les doléances de ceux
qui font porter à l'athéisme la responsabilité de tous nos malheurs passés et
présents, sans s'apercevoir que ces sté-
riles récriminations sont, au compte de
l'apostolat religieux, un aveu d'impuis-
sance. Heureux, disons-nous, très heureux les hommes pénétrés du sentiment

de la Providence ! Mais aux déshérités
de ce sublime sentiment sera-t-il interdit
d'aspirer à l'estime humaine qui est une
des formes de la charité et, par là même,
susceptible d'éveiller les penchants affec-
tifs, les suggestions haineuses étant, au
contraire, les fruits naturels du dédain ?

D'ailleurs, l'acte volontaire est loin
de toujours s'inspirer de la Foi. Il serait injuste assurément d'évoquer contre
la Religion les crimes commis en son
nom ou sous son manteau, mais, du
moins, les perpétuelles défaillances, les
incessantes rechutes auxquelles n'échap-
pent pas les plus fervents, donnent la
preuve que le prestige du sentiment le
cède à la force de l'habitude.

Toujours est-il que des rapports de
l'homme avec son semblable les gouver-

nements ont la responsabilité. Ils ont conséquemment le droit de poser les règles de la pédagogie, en ce qui concerne l'éducation civique, et le devoir d'en contrôler l'application, car la génération des écoles sera la société demain. Mais ce droit n'est pas sans recours. Une saine éducation, conçue en conformité des lois naturelles, a son criterium dans la durée des institutions qui l'auront édictée. Il est nécessaire de le redire, en effet, les pouvoirs civils succomberont sous le poids de la fatalité pour avoir commis — ce qui est plus qu'une anomalie, une véritable aberration — la faute de seulement établir des pénalités sans prendre le soin préalable d'inculquer l'enseignement du bien. Le soin de leur conservation, à défaut du devoir, fait donc aux gouvernements une nécessité d'assurer les mœurs des nations, en veillant à la culture des jeunes volontés, dès la génération presqu'encore au berceau.

Si la morale sociale a son ressort dans les actes de relation entre les membres de la famille humaine, c'est, effectivement, parmi les facultés psychiques, la volonté qu'il s'agit de discipliner en vue d'accoutumer les hommes aux actions vertueuses.

De l'éducation l'autorité est par conséquent le principe, l'obéissance en est le moyen indispensable et comme la pierre angulaire. Obéissance et autorité sont corrélatifs : La première doit être aussi stricte que la seconde inflexible, sous peine de les voir toutes deux s'anéantir et, avec elles, emporter tout système d'éducation.

Mais, eu égard à cette absoluité qui est sa condition, l'autorité devra user du commandement avec une certaine discrétion pour ne pas risquer de tarir toute initiative et de tuer l'individualité.

C'est dire la nécessité d'une mesure.

Or, qui mieux saurait donner cette juste mesure qu'un Aréopage choisi parmi les plus vertueux, sorte d'Académie du Bien, à laquelle serait dévolue la fonction d'élaborer un programme d'exercices pédagogiques assurés contre la versatilité de la croyance, le défaut de foi et la mobilité des impressions personnnelles, mais compatibles avec le sentiment de la Divinité naturel au règne hominal.

Satisfaction doit, en effet, être donnée

aux besoins Religieux, en garantissant
à la Religion, c'est-à-dire à la croyance,
la liberté qui est de son essence, et lui
réservant le soin discret de la libre
correspondance à entretenir entre les
hommes et Dieu.

Rappelons en terminant, qu'en matière d'éducation, le précepte est bon,
l'exemple est meilleur, la pratique est
le mieux; car la volonté résidant dans
un acte cérébral, la répétition de l'acte
moral en crée la mémoire, autrement
dit, l'habitude.

Et de même que la capacité intellectuelle s'acquiert et se développe grâce
aux exercices classiques, ainsi par les
pratiques morales se peut façonner la
volonté.

Si vingt années d'études n'ont pas été

jugées superflues pour mûrir l'esprit, il
semble équitable autant que sage de
donner à l'homme, dans sa faculté sociale,
une culture au moins égale.

La prospérité et la paix publiques, non
moins que le bonheur privé, sont proportionnels à la moralité des peuples;
par l'éducation l'on peut espérer d'élever ceux-ci à ce sommet moral : la Fraternité.

INTERPRÉTATION DE LA LIBERTÉ [1]

La liberté a été presque Divinisée. Les poètes ont exalté son nom ; pour elle un culte a été organisé ; en son honneur le sang humain a coulé, horrible sacrifice !

Qu'est donc la chose représentée par ce mot magique partout acclamé, compris nulle part ?... Rien qu'un des points extrêmes d'une échelle dont l'autre bout est marqué : servitude ; échelle qui gradue les différentes latitudes où se peut mouvoir la *volonté*.

---

[1] *La Vie et Le Moi*, J.-B. Baillière et fils, Paris, 1878.

Ou plutôt, liberté et servitude sont deux éléments dont le mélange est indispensable à l'entretien de la vie sociale : La société serait asphyxiée dans une servitude complète ; elle serait vite consumée dans une atmosphère de liberté absolue : De leur équilibre rationnel dépend la santé sociale, *in medio stat virtus.*

Sont libres de liberté pure les seuls actes psychiques dont le domaine se circonscrit au sentiment individuel très bien désigné sous le nom de for intérieur et sur lesquels la force est sans prise. Aussi liberté de pensée, liberté de croyance, liberté de conscience sont essentiellement inaccessibles et inaliénables ; c'est en vain que l'on prétendrait légiférer des restrictions contre elles.

La volonté, au contraire, est sujette à la coercition dans tous les actes de la vie de relation sociale dont l'autorité règle l'exercice, commandant les uns, permettant les autres, en défendant un certain nombre, en un mot, régnant sur les volontés et les gouvernant.

Les législations sont donc nées du *Pouvoir*. Et s'il n'est pas moral de dire avec un célèbre personnage, que la force prime le droit, au moins ne peut-on nier que de tout temps elle l'a dicté et seule peut le faire respecter.

Le système des majorités est la consécration pratique de cette maxime, car le nombre est une puissance.

Tout ne peut être permis : Ce serait l'absence de tout droit. Au reste, n'y eût-il plus de droit fixe appuyé de la force, l'homme verrait encore sa volonté entravée par la volonté d'autrui.

D'autre part, n'est pas imaginable un despote assez puissant pour asservir un peuple au point, le voulût-il, de pouvoir subordonner à sa tyrannie toutes les volontés dans tous leurs actes.

Ainsi, outre qu'un état exclusif de liberté ou de servitude serait incompatible avec la vie sociale, il est, dans le fait, impossible. Le régime des sociétés est forcément composé de l'une et de l'autre ; et elles ne méritent pas, la liberté l'excès d'honneur (sorte de fétichisme) qu'on lui a fait, la servitude l'excès d'indignité où on la tient, car elle est une préservation étant un frein.

La plus sage autorité sera celle qui le mieux saura proportionner ces éléments, dans une pensée de protection, suivant. le caractère et le génie des peuples, suivant aussi le besoin de sa propre conservation. Il faut se garder d'oublier que autorité et liberté sont deux termes contradictoires, représentant deux choses incompatibles, sauf mesure.

Par exemple, la pensée est libre de droit physiologique, mais cette liberté n'a pas pour corollaire sa libre manifestation. Parler et écrire, en qualité d'actes volontaires de relation, tombent sous la subordination de l'autorité, ressortissent à un droit conventionnel, par conséquent ne sont capables que d'une liberté relative, c'est-à-dire tempérée par des restrictions.

Conclure de la liberté de la pensée au droit de tout dire est donc une hérésie scientifique. Il faudrait, pour rendre ce droit possible, ou une perfection telle de l'humanité qu'il ne se rencontrât jamais personne pour en mésuser, ou l'absolue innocuité de tel abus qu'on en pût faire. Les deux termes de cette alternative sont évidemment chimériques ; aussi la liberté de la Presse se trouve-t-elle, de ce chef, condamnée à rester à l'état d'utopie ; elle est, par la force des choses, irréalisable étant contradictoire à la notion et au maintien de l'autorité.

Au reste, entre les nobles prérogatives de la Pensée et le respect dû au Pouvoir, le tempérament semble facile : Permettre la discussion sous la condition qu'elle ne s'écarte jamais des règles de l'urbanité.

C'est commettre encore une erreur physiologique que vouloir appliquer l'universalité au droit de suffrage, car c'est une tentative d'attribuer la liberté à une action externe, qui ne la comporte donc point.

Dans l'exercice du suffrage deux opérations se succèdent en effet : le choix, acte de la libre pensée, le vote, acte volontaire. Or, précisément parce que le choix échappe à tout contrôle et à tout frein, il est nécessaire de se mettre en garde contre les surprises du vote que l'on peut atteindre en le restreignant, d'après des principes qui ne sont pas à déterminer ni à faire valoir ici, mais dont l'appréciation doit être plutôt inspirée par le besoin de conservation sociale que par des préoccupations anti-physiologiquement libérales.

Faute de correspondre à la réalité des

choses, un principe entraîne des déduc-
tions erronées et devient fécond en con-
séquences anormales.

C'est ainsi que le *suffrage universel* a
été engendré par la *souveraineté du
peuple*

Mais, théoriquement, souveraineté du
peuple est une antinomie, et d'elle ne
peut naître que leurre et mensonge.
Souveraineté d'une part suppose subordination d'autre part. Or, si, dans le
peuple-roi nous pouvons, à la rigueur,
appercevoir le souverain, vainement
cherchons-nous les sujets.

Et en fait, où est l'universalité du
suffrage, puisque les hommes de dix-neuf
ans et au-dessous ne sont pas admis à
exercer une fraction de souveraineté ?
Ou bien faut-il avoir vingt ans pour faire

partie du peuple? La nature n'a point tracé de démarcation qui puisse sauver l'arbitraire d'un semblable ostracisme.

Le suffrage universel n'est donc pas et ne peut devenir vrai.

Si la condition d'âge est une servitude inéluctable, il est non moins logique et plus salutaire d'en imposer d'autre sorte.

Baser le cens sur des garanties de sage volonté serait donner les meilleures chances de durée aux institutions civiles qui doivent avoir pour but de procurer aux peuples, non le plus de liberté, mais le plus de sécurité et de protection.

L'HOMME FAIT DIEU A SON IMAGE

Il n'est personne qui ne puisse, en soi-même, étudier ce fait : Une sensation actuelle associe des sensations de souvenir.

En particulier, la vue d'un objet en remémore le goût, le son, etc., et fait réapparaître la vision, l'image d'autres objets semblables ou analogues.

Pereillement l'audition d'un mot dénominatif suscite la notion visuelle ou auditive ou tactile, etc., de l'objet

---

(1) *La Vie et le Moi*, J.-B. Baillière et fils, Paris 1878.

dénommé, suivant ses qualités et les sensations qu'il a fait naître antérieurement.

De même la vue ou l'audition de l'objet en rappelle le nom, etc., etc., etc...

Remémoration, image, notion, rappel constituent essentiellement l'IDÉE qui est donc bien réellement *la réactuation mnémosique d'une sensation.* Cela étant, l'Immatériel ne peut être idéalisé, dans le sens abstrait du mot.

L'idée d'une chose totalement inconnue nous est communicable, il est vrai, au moyen d'une description verbale, les mots associant différentes sensations idéales, autrefois primitivement actuées, dont l'ensemble dessine l'*image* entière de la chose décrite.

Mais l'Immatériel étant indescriptible,

autant qu'inaccessible aux sens, est incapable de fournir une véritable idée.

Les mots Éternité, Infini, suscitent la *représentation* des bornes du temps et de l'espace s'eloignant et, pour ainsi dire, fuyant toujours. C'est une idée incontestablement sensorielle de laquelle il y a loin au concept de l'espace et du temps sans bornes.

Causalité est également lié à une sensation et inséparable de l'*idée* d'un phénomène quelconque ; à moins, toutefois, que l'actuation de ce mot ne remette en mémoire des phrases comme celles-ci : Il n'y a point d'effet sans cause — les mêmes causes produisent les mêmes effets, et vice versâ — un effet suppose une cause, etc... Mais alors c'est une pensée idéalisée dans sa formule verbale, je dirais presque c'est l'idée d'une pensée (1), non une idée d'immatérialité.

Il ne faut pas, en effet, se payer d'une illusion, et prendre l'idée du mot pour l'idée de la chose dénommée, pas plus, du reste, que pour la pensée qui s'y trouve inscrite. Ce sont éléments distincts, car l'actuation mnémosique d'une expression ou d'une phrase en langue inconnue est possible.

Le mot est excellemment matière à sensation et par là même objet à idée; idée associant à son tour soit l'image de l'objet matériel désigné par lui, soit la pensée comprise dans une suite déterminée de paroles.

Mais il est tellement au-dessus de nous

(1) La pensée ne peut être abstraite de la parole, pas plus que la forme de la matière.

d'avoir l'idée de l'Immatériel même, que
l'actuation du mot dont nous nous ser-
vons pour le signifler a pour résultat
ultime d'engendrer de véritables idées,
c'est-à-dire des représentations réellement sensorielles. (La contention céré-
brale ne va-t-elle pas jusqu'à procurer
des sensations douloureuses, voire la
stigmatisation, aux extatiques ?)

C'est ainsi que Dieu étant conçu
comme auteur du monde matériel, nous
le personnifions et le réalisons, en
quelque sorte, en des formes et avec des
attributs empruntés au monde connu par
la sensation, prenant pour modèle l'Être
qui nous apporte le sentiment de la
suprême beauté et lui prêtant un appareil
de souveraineté analogue à celui des
puissants de la terre.

L'impossibilité d'avoir de Dieu immatériel une idée positive a pour conséquence et pour preuve, en même temps,
la diversité des personnifications qui en
ont été faites : Chaque peuple l'imagine
dans un cadro spécial où se réflètent
son génie et ses mœurs. Comme dernier
trait de réalisation sensorielle imitée du
monde apercevable aux sens, nous
trouvons, dans l'histoire des Religions,
des généalogies établissant la matériali-
sation, à un moment donné, soit incar-
nation, soit idolisation — qu'on me per-
mette ce néologisme — de l'Être souverain pressenti comme cause productrice
et pouvoir régulateur de l'univers.

Ce procédé est dans la mesure rigou-
reuse des moyens de notre humanité :
l'idée étant un acte représentatif d'une

sensation, l'effort tenté pour avoir ou se faire une idée de Dieu aboutit nécessairement à le figurer, à l'idéaliser, puis-je dire maintenant que la signification de ce mot est bien déterminée.

Si l'Essence Divine est hors de notre portée idéalle, il est au pouvoir de la pensée de discourir à son sujet ; et à cet égard le discours n'est justiciable que des règles de la logique et du sentiment de croyance qu'il suscite à des degrés divers.

Mais quelle que soit la pensée exprimée sur la nature et les attributs de Dieu, elle n'est pas moins encore le reflet de l'humanité, car elle émane d'un acte contenant essentiellement le MOI humain. La pensée, il ne faut pas l'oublier, réside dans l'actuation verbale, primitive chez le penseur, sensorielle chez l'auditeur et le lecteur.

Aussi par la Pensée attribuons-nous au Créateur des facultés sensorielles, une force intellective et un tempérament moral inspirés par les nôtres propres portés au degré de la perfection. Nous disons : Dieu voit, entend et parle; Dieu est savant, il connaît tout ; Dieu est sage, juste, sensible et bon, etc., etc. En défi-nitive, Dieu est fait de l'homme perfec-tionné, tant au point de vue de la forme qu'à celui des attributs Divins. L'homme fait Dieu à son image.

. . . .

Un tel procédé a pour résultat, non d'amoindrir Dieu, il est au-dessus de nos atteintes, mais de l'abaisser vers l'Esprit de l'homme qui se grandit d'autant, et, à l'illusion de s'élever jusqu'au Créateur, joint la présomption de vouloir le comprendre et communiquer avec lui.

A l'égard de l'idéalisation de l'Être souverain immatériel en des actes sensoriels, il suffit d'énoncer la contradiction incluse dans ces mots pour montrer l'inanité de toute conception en ce sens.

Des inconciliabilités nous apparaissent également inscrites dans la pensée que Dieu possède des facultés sensorielles intellectuelles et morales calquées sur les mêmes qualités humaines.

Les actes qui caractérisent l'intelligence, la sagesse, la justice et la bonté, dans l'homme, loin d'être rigoureusement déterminés et mesurables à une normale absolue ressortissent à l'appréciation personnelle vis-à-vis de soi, et à des sentiments particuliers à l'égard d'autrui, sentiments et appréciation dont on connaît la diversité et la mobilité... Est-ce à l'homme à juger Dieu?... Et qui osera pressentir ses décrets?

Nous ne disons rien de la difficulté d'accorder bonté et justice qui s'excluent l'une l'autre, et ne coexistent dans la langue humaine que pour s'appliquer à l'homme en des époques différentes, ou pour qualifier des actions distinctes, apanageant, pour ainsi dire, d'imperfectibilité temporelle notre humanité.

Ces mêmes actes, en effet, comme la parole et la sensation, sont incontestablement successifs et emportent l'idée de temps. Encore le MOI, entre le passé qui lui échappe et l'avenir qu'il ignore, dispose-t-il seulement de l'heure, de la

minute... de l'instant présents. Il n'est
donc pas admissible que Dieu, pour qui
le temps n'existe pas, puisqu'il est
Éternel, puisse être doué de Pouvoirs
intermittents auxquels est inéluctable-
ment liée la notion, comme la nécessité,
d'une succession chronologique.........
...Supposées *Immanentes* des facultés
multiples impliquent *simultanéité* et
continuité sans *commencement* ni *fin*,
d'activités *distinctes*, dans l'IMMATÉRIEL
essentiellement SIMPLE, UN et ÉTERNEL!!!

. . . .

... Arrêtons-nous. Car là commence
l'inaccessible à l'intelligence humaine
fille du temps.

Et plutôt que de tenter l'impossible et
aboutir à matérialiser Dieu en prétendant
nous en faire une idée ; plutôt que de

4

préjuger des attributs Divins en risquant notre pensée dans l'incompréhensible, préférons nous borner à avoir le SENTIMENT du Créateur, sentiment inspiré par la vue des merveilles qui nous enveloppent.

DEUX MOTS

A PROPOS DE LA VIE FUTURE

Il faut se garder de confondre les diverses opérations psychiques, et savoir distinguer, par exemple, ce qui est du domaine de la Pensée, d'avec les phénomènes afférents à celui du sentiment, si l'on veut voir certains points de philosophie métaphysique s'éclairer d'un jour inattendu.

Telle la question de la vie future.

La vie future est ou n'est pas. La pensée des hommes n'y peut rien. Elle dissertera indéfiniment sur ce sujet, à jamais impuissante à pénétrer et à changer ce qui est. Les uns affirmeront, d'autres nieront chacun avec un talent différent, tous avec une égale conviction ; dans le vulgaire profane seront suscités les divers degrés de croyance, depuis la foi jusqu'à l'incrédulité absolue. La Vérité restera immuable autant qu'impénétrable.

C'est forcé, c'est fatal, ou plutôt c'est physiologique ; car la physiologie marqué les limites dans lesquelles Dieu a enfermé l'esprit de l'homme : tu n'iras pas plus loin.

Bornant son rôle à discourir librement de la vie future, l'homme doit renoncer à *connaître*, dès la vie terrestre, la quiddité d'outre-tombe.

Mais où donc la pensée a-t-elle puisé

ce texte : A la vie présente succède une
autre nouvelle vie ; texte tour-à-tour
soutenu et combattu avec des péripéties
destinées à ne prendre fin qu'avec le
monde ?

Ce ne peut être chez des personnes
que l'aspect de la mort laisserait indiffé-
rentes. Si quelqu'un existe de ce tempérament, entre les mains de qui tombe-
raient ces lignes, je l'engage à n'en pas
achever la lecture ; il ne me comprendrait
pas.

Toute personne, au contraire, douée
de quelque sensibilité m'aura déjà deviné.
A l'affliction causée par la mort d'un
ami, d'un proche, d'un enfant tendrement
chéri, se mêle l'espoir plus ou moins
défini, vague chez les uns, précis chez
les autres, que quelque chose du défunt

4.

aimé survit au-delà du dernier soupir. Joints à cette espérance, l'ardent désir de revoir l'Être si vivant encore dans la mémoire et comme une attraction vers lui, voilà bien, si je ne m'abuse, le *sentiment* de la vie future, source de tous les thèmes pensés sur cette matière, origine du culte des morts.

Dieu a-t-il mis ce sentiment au cœur de l'homme comme une atténuation à sa peine ou comme le pressentiment d'une réalité ?...

Je laisse à d'autres la témérité de vouloir sonder un tel mystère. Ma pensée s'arrête indécise devant ce point d'interrogation, comme ma croyance reste incertaine en présence des affirmations et des négations qui se heurtent sur ce terrain.

Mais je sais bien, je sais avec certitude avoir éprouvé ce sentiment d'une survie indéterminée pour les miens, sentiment rafraîchi grâce au souvenir de ceux que j'ai eu la douleur de me voir ravir par l'implacable mort ; je sais encore avoir trouvé dans ce sentiment, en même temps qu'une consolation, une impression de gratitude envers Dieu.

Voudrais-je échanger la quiétude de tels sentiments contre le tourment sans issue de la pensée ?

Angers, imp. Germain et G. Grassin. — 1552-79.

INDEX

Introduction 7

Étude sur la vérité 11

Aperçu sur l'Éducation 29

Interprétation de la Liberté 42

L'homme fait Dieu à son image 51

Deux mots à propos de la vie future 63

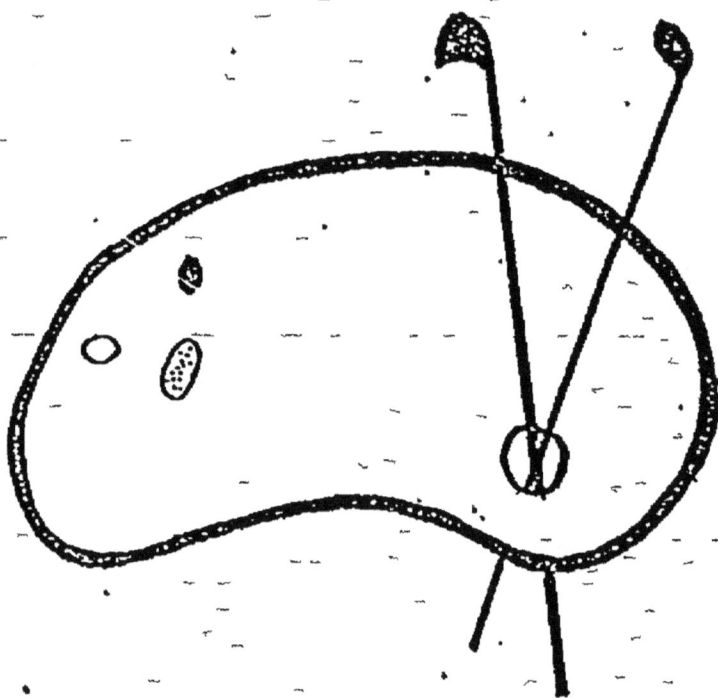

ORIGINAL EN COULEUR
NF Z 43-120-8

www.ingramcontent.com/pod-product-compliance
Lightning Source LLC
Chambersburg PA
CBHW070910280326
41934CB00008B/1668